AF264153

CATHERINE MARIÉ

HISTOIRE VÉRITABLE

EN DEUX PARTIES

SUIVIES D'UNE COMPLAINTE.

VILLECHÈRE (Indre) 1861.

Prix: 50 centimes.

Se vend à La Châtre chez Mme ARNAULT, libraire.

CATHERINE MARIÉ

HISTOIRE VÉRITABLE EN DEUX PARTIES.

PREMIÈRE PARTIE.

Un évènement heureux, d'autres disent un **MIRACLE**, arriva le 24 janvier 1857, au village de Villechère, commune de Saint-Chartier. Une jeune fille de treize ans, après six mois de maladie, après avoir été abandonnée par les Médecins de La Châtre, après être restée trois mois sans parler, sans manger et sans boire, a recouvré tout d'un coup la parole et quelques jours après la santé.

> La Providence est grande dans ses actes!
> Dieu se révèle aux hommes quand il lui plait.

> Il est le roi des rois, le monde est son empire ;
> Il entend des humains le chagrin, le sourire.
> A sa vaste bonté tout mortel a des droits
> Et sa justice atteint les bergers et les rois!

Voici les faits tels qu'ils se sont passés :

Catherine Marié est fille de feu Jean Marié et de feu Anne Debaudre. Son père et sa mère habitaient le village de Vinceuil. Après le décès de Jean Marié, sa veuve vint avec sa fille habiter Villechère. Elle est décédée en 1855, laissant pour seule héritière Catherine Marié, âgée de onze ans.

Catherine Marié était donc orpheline à onze ans. Son oncle Jacques Marié, cultivateur et propriétaire à Labreuille, fut nommé son tuteur.

Catherine était assez grande pour son âge et timide comme tous les enfants de la campagne. Le bien en terres et en prés que lui laissaient feux son père et sa mère, pouvait se monter à un millier d'écus. Ce bien a été affermé par son tuteur.

Après la mort de sa mère, Catherine vint habiter chez son tuteur.

Malheureusement pour Catherine, elle ne trouva pas une seconde mère dans sa tante Marié. Cette femme n'eut pour la pauvre enfant aucune affection, ne l'entoura d'aucuns soins. Catherine en vint à préférer la maison des autres à celle que la loi lui donnait pour asile. Elle se loua chez Marguarita, fermier de la Fonroy, pour garder les moutons.

Il y avait à peine quinze jours qu'elle y était, lorsqu'elle fut attaquée d'un violent mal de gorge; elle ne pouvait ni manger, ni boire; elle avait peine à parler !

Le fermier lui conseilla d'aller se rétablir chez son tuteur, pensant qu'elle y serait mieux que chez lui.

L'enfant partit, son paquet sous le bras. La Fonroy n'est pas éloignée de Labreuille. Son mal ne devait pas empirer.

Arrivée chez son tuteur, Catherine ne fut pas reçue par la femme de son tuteur comme elle devait l'être ; elle ne trouva à Labreuille que des visages secs et froids. Cependant son tuteur pouvait bien la soigner avec le revenu de son bien à elle, la pauvre orpheline !

On lui dit même de retourner chez son maître, à la Fonroy.

Catherine reprit donc son petit paquet et se mit *en route pour la Fonroy !*

En chemin, près le village de Villechère, plusieurs personnes remarquant son air malade, sa marche difficile, lui demandèrent où elle allait, ce qu'elle avait.

Elle répondit : je vais à la Fonroy, je suis malade et ma tante me repousse ; mon tuteur m'a conseillé de retourner chez mon maître.

Pauvre enfant ! dit Jeanne Decouchant, habitante de Villechère, va, ne retourne pas à la Fonroy ; n'as-tu pas un oncle et une tante ici, va chez ton oncle et ta tante Maingaud ; ils ne te mettront pas à la porte, eux ; ils sont humains, ils te soigneront ; et quoiqu'ils n'aient qu'un lit ils trouveront bien un moyen de te recevoir.

L'enfant obéit à ces conseils et se dirigea vers la demeure des époux Maingaud.

Grande fut la surprise de l'oncle et de la tante Maingaud, à la vue de leur nièce venant à eux, son petit paquet sous le bras et avec une figure où se peignaient la souffrance et la maladie.

L'enfant leur raconta ce qui s'était passé, comment elle avait été reçue malade par son tuteur et sa femme, et pourquoi elle retournait à la Fonroy. Elle pouvait à peine parler, la maladie garottait sa langue dans son gosier.

Maingaud, avec le caractère qu'on lui connaît dans le village, homme de cœur, compatissant, généreux, Maingaud répondit : va, pauvre enfant, je ne suis pas riche, mais moi je ne t'abandonnerai pas. Femme, mets cette enfant au lit, moi je coucherai où je pourrai ; tu es malade, nous te soignerons ; et à la garde de Dieu et de la Providence !

Ceci se passe le 26 août 1856. La femme Maingaud met au lit la petite Catherine et se met au lit près d'elle ; Maingaud couche au foin.

Le lendemain Maingaud fit avertir le tuteur Marié de la position de leur nièce et de son arrivée chez lui. Le tuteur se rendit chez Maingaud et chercha à s'excuser : il ne pensait pas Catherine si malade, sans cela, il ne lui aurait pas conseillé de retourner à la Fonroy. Belles paroles ! mais que serait-elle devenue sans les époux Maingaud ?

Le tuteur convint qu'il fallait que sa pupille fût soignée. Il partit pour La Châtre, et M. Darchy, médecin, vint à Villechère.

La position de la malade le frappa. Il ordonna des remèdes qui furent religieusement donnés par la femme Maingaud.

Le mal empira, d'autres médecins, MM. Forgemol, Vergne, furent consultés. Leurs réponses étaient que la maladie était grave, qu'il y avait peu d'espoir de guérison. L'enfant était condamnée par les médecins, par les personnes qui la voyaient. Elle ne prenait que des lavements, point de nourriture ; sa figure était blanche comme un lys, la bouche constamment ouverte et elle ne proférait que des paroles sans suite, sans aucun sens.

Prie Dieu, mon enfant, lui disait tous les jours Maingaud, prie-le dans ton cœur, il te guérira !

Jusqu'à la Toussaint les fatigues des époux Maingaud furent grandes ; l'enfant ne se levait point, son oncle, sa tante la veillaient.

Les voisins disaient : c'est une enfant morte, Maingaud répondait :

Dieu est grand, sa Providence est infinie !

Maingaud craignait que sa femme ne tombât malade, fatiguée qu'elle était de ses soins de tous instants. Cependant il ne lui disait point *arrête toi !* On lui conseillait de faire conduire l'enfant à l'hospice. Non, disait-il : si elle meure, elle mourra chez moi ; elle y est venue, elle n'en sortira que morte ou guérie !

Le tuteur visitait souvent Catherine, mais il voyait avec déplaisir son séjour chez Maingaud. Il conseilla même de la faire conduire à l'hospice, malgré les avis des médecins qui disaient que la position de la malade empêchait tout voyage. Marié tenait à cette idée.—Tu seras bien mieux à l'hospice, disait-il, les bonnes sœurs auront bien soin de toi. Et l'enfant résistait ainsi que son oncle et sa tante Maingaud. Marié employa même des personnes influentes pour décider sa nièce à préférer l'hospice à la maison de Maingaud ; — ce fut en vain !

Au mois de novembre 1856, l'enfant ne parla plus. Jusqu'au 24 janvier 1857, ce furent les mêmes soins de la part des époux Maingaud.

L'enfant ne prenait aucune nourriture, elle ne prenait que des lavements, nulle autre médecine.

Que de larmes sa pauvre tante Maingaud a versées ! que de nuits elle a passées sans sommeil ! Dieu n'a pas voulu qu'elle fût brisée dans son zèle, *Dieu* ne laissera pas ses fatigues, ses *soins sans récompense.*

Et Maingaud prenait sa part des fatigues, des soins, et Marié le tuteur assistait froidement à l'agonie de sa pupille.

Les gens de la campagne croient que les jeûnes, les pèlerinages vers des lieux saints, sont favorables à la guérison des maladies. La femme Maingaud a jeûné trois vendredis de suite au pain et à l'eau, à l'intention de sa nièce. Un voyage à Levroux, où Saint-Silvain est en honneur, a été fait pour demander la guérison de la mourante. Hélas ! jusqu'au 24 janvier 1857, tout cela n'a abouti à rien, la position de l'enfant ne changea point !

Le 24 janvier 1857, il était dix heures du matin, les époux Maingaud étaient auprès du feu, tristes, désolés, fatigués ; la nuit s'était passée pour eux comme les autres, sans sommeil comme sans espérance....

Tout-à-coup, une voix claire, limpide, fit entendre ces paroles :

« Je m'attache à Jésus-Christ, *je veux vivre et mourir*
» *pour lui !!!* »

Les époux Maingaud pensent que cette voix vient du
dehors, ils se retournent et ne voient *rien*. Quel n'est pas
leur étonnement quand ils voient leur nièce leur tendre ses
petits bras, en disant:

« Mon cher oncle et ma chère tante, depuis si longtemps,
» je voulais vous causer, je ne pouvais pas. Ah! vous n'avez
» pas voulu, vous, que j'aille à l'hospice. Venez embrasser
» votre petite nièce. »

Et les époux Maingaud, émus; versant des larmes, de se
lever et d'aller embrasser leur nièce, en disant:

« Que la puissance de Dieu est grande! »

Et là, auprès du lit de la malade se passait une scène touchante, impossible à décrire.

» Ne pleurez pas, mon bon oncle et ma bonne tante, je
» suis guérie. »

Et Maingaud disait à sa nièce de chanter le couplet de la
complainte de Sainte-Solange, qu'il lui avait appris pendant
sa maladie, et sa nièce chanta :

« *Sainte-Solange, nous vous rendons grâces*
» *De vouloir bien écouter nos vœux*
» *Puissions-nous marcher sur vos traces*
» *Et vous voir un jour dans les cieux !* »

Et la voix de Catherine était claire, bien accentuée, et
l'enfant souriait comme si elle n'eut point été malade !

Dieu, en rendant tout d'un coup la parole à la mourante,
récompensait les époux Maingaud de leurs soins, de leurs
fatigues !

Les voisins, avertis de cette heureuse nouvelle, vinrent
au lit de la malade et l'entendant causer et voyant sa figure

rayonnante de bonheur, confessaient la puissance de Dieu, et embrassaient l'enfant en versant des larmes.

Chose étonnante, Catherine était timide, sa timidité avait disparu. Sans fatigues, elle répondait à tous et son langage était clair et précis.

Trois semaines se passèrent; l'enfant si miraculeusement sauvée *parlait*, mais ne prenait encore que des lavements; elle ne mangeait pas.

Tous les jours c'étaient de nouvelles visites que Catherine recevait. Sa délivrance s'était répandue dans les environs, dans la commune, dans les communes voisines.

M. le curé de Saint-Chartier avait visité Catherine au mois d'octobre précédent.

Prévenu de ce qui était arrivé, il vint le 26 janvier et s'assura que les faits annoncés étaient vrais. Il parla long-temps à l'enfant, et depuis vint souvent la voir ainsi que son tuteur Marié.

Elle avait parlé le 24 janvier, elle marcha le 14 février; il y avait près de six mois qu'elle n'avait rien mangé, qu'elle n'avait vu le soleil.

Les voisins pensaient qu'elle n'aurait pas assez de force. —Dieu l'a fait parler, disait Maingaud, il la fera marcher!

Et l'enfant se leva et marcha comme si elle n'eut point été malade!

Le lendemain 15 février, l'enfant, ses deux oncles Marié et Maingaud, et sa tante Maingaud, allèrent chez M. le curé.

L'enfant se confessa, entendit la messe et communia.

Puis elle dîna chez M. le curé avec ses oncles; rien ne lui fit mal, elle mangea de tout ce qui fut servi.

Le miracle était accompli !!!

Depuis ce jour, Catherine Marié fut demandée par une foule de personnes, qui voulaient la voir, l'entendre parler.

Deux fois elle dîna à la table de M. le curé de Saint-Août; à toutes les questions qu'on lui faisait, elle répondait avec netteté, précision.

Souvent elle allait chez M. le curé de Saint-Chartier qui lui disait que, grâce à quelques personnes influentes, compatissantes, il lui ferait donner de l'instruction; que ce serait chez les bonnes sœurs, que ce serait un grand bonheur pour elle.

Marié était de cet avis, il avait été de toutes les fêtes offertes à sa nièce et ne désirait plus qu'une chose, l'éloignement de sa pupille. Cet éloignement faisait quitter à sa nièce la maison de Maingaud, c'était ce que voulait Marié.

Les époux Maingaud eux, n'avaient qu'une pensée, qu'un désir, que leur nièce si miraculeusement sauvée sous leur toit *fût heureuse* !!

Ils ne conseillèrent point à Catherine de rester à Villechère; ils auraient cru avoir à se repentir de n'avoir pas tout fait dans l'intérêt de Catherine.

Et cette enfant, à laquelle on répétait chaque jour qu'il fallait qu'elle reçût de l'instruction, n'avait point d'autres pensées que celles qu'on lui donnait.

Elle obéissait, elle a obéi! Les parents qui l'avaient repoussée avant sa maladie, qui n'étaient venus la voir qu'après sa guérison, aujourd'hui l'entouraient, la flattaient.

Les époux Maingaud continuaient leurs soins à leur nièce sans s'occuper de la récompense. Cependant quand ils apprirent que Catherine allait les quitter, ils furent *chagrinés* !

Or, le 29 mars 1857, Jacques Marié arriva chez Maingaud et dit à sa pupille : je vais chercher la voiture de Mme Talbot et nous irons à Saint-Chartier, tu sais que M. le curé de Saint-Chartier nous a dit d'être rendus chez lui ce matin.

Où vas-tu, mon enfant, dirent les époux Maingaud ?

Je vais à Châteauneuf, chez les bonnes sœurs, répondit Catherine ; on m'a dit que j'y serai heureuse.

Je le souhaite, dit Maingaud, pars ma fille ; mais souviens-toi toujours de ce que Dieu a fait pour toi et pense à nous ; — et les deux époux embrassèrent l'enfant qu'on leur enlevait, pour l'emmener où ils ne *savaient point*.

Catherine Marié suivit son tuteur à Saint-Chartier, et depuis ce départ, les époux Maingaud ignorèrent long-temps le lieu où était leur nièce.

Mais ils ont confiance en Dieu, qui n'a pas sauvé Catherine Marié pour l'abandonner. Non, les vœux, les pensées des époux Maingaud seront exaucés.

Nous reverrons Catherine Marié.

FIN DE LA PREMIÈRE PARTIE.

Catherine Marié.

DEUXIÈME PARTIE.

Dans la première partie de cette histoire, nous avons dit comment Catherine Marié, de Villechère, après être restée dans la maison de son oncle Maingaud, trois mois sans parler, sans manger et sans boire, avait fait, le 24 janvier 1857, entendre tout d'un coup ces paroles :

« Je m'attache à Jésus-Christ, je veux vivre et *mourir pour lui.* »

Nous avons dit que depuis ces paroles, elle avait recouvré la santé ; nous avons dit que la Providence seule avait voulu cet *étonnant miracle.*

Nous avons raconté ces visites nombreuses des habitants des communes voisines de Villechère, des curés de Saint-Chartier, de Saint-Août, des parents de la jeune Catherine qui, avant l'avaient abandonnée.

Enfin nous avons dit que cette enfant avait quitté la demeure de son oncle Maingaud, pour aller — où — d'après l'enfant, à Châteauneuf, chez les bonnes sœurs — pour y recevoir de l'instruction — sous la conduite de Jacques Marié, son tuteur, qui n'avait alors qu'une pensée — la pensée de retirer l'enfant de chez les époux Maingaud, dont l'admirable manière d'agir était pour ainsi dire presque une accusation de son indifférence à lui tuteur — pour la fille de son frère — à lui tuteur qui retirait près de 200 francs du bien de sa pupille.

Le départ si prompt de leur nièce contrista les époux Maingaud ; — mais ils comprenaient que l'instruction est un bien. Maingaud d'ailleurs avait pris la résolution de surveiller l'avenir de sa nièce comme il avait été, dans le passé, son seul *soutien*.

Il comprenait bien que l'on voulait anéantir ce *passé glorieux*, cette *intervention de Dieu* dans une chose de la terre. Il se taisait dans l'intérêt de sa nièce.

Mais quant au miracle, il le publiait, il en disait toutes les phases et croyait remplir un devoir sacré en glorifiant Dieu dans son œuvre !!!

Oh! que ces esprits forts qui disent qu'il n'y a pas de miracles, foulent donc aux pieds une religion qui a dix-huit siècles d'existence.

Voltaire lui-même n'a-t-il pas dit : les apôtres de Jésus-Christ sont de *saints hommes*! ce qu'ils ont fait après la résurrection de Jésus le prouve.

Dira-t-on que le martyre souffert par des milliers de chrétiens, après la mort de Jésus-Christ, n'a pas existé?

Que l'on jette un coup-d'œil sur les œuvres du créateur, est-ce que ce ne sont pas des miracles !

Ne parle-t-on pas tous les jours de *Providence ?*

Pourquoi l'homme des champs arrête-t-il ses travaux certains jours de l'année, c'est qu'il croit en Dieu, en son intervention dans les choses humaines !

Et Maingaud a vu un *miracle* s'accomplir dans sa maison ; et il est heureux de le publier.

C'est la récompense de ce qu'il a fait, c'est la récompense des soins, des fatigues de sa femme.

Les deux époux n'en demandent *pas d'autre*.

Retournons vers la jeune Catherine, l'enfant si miraculeusement sauvée et que nous avons oubliée un instant.

Le 29 mars 1857, Catherine Marié était partie — pour Châteauneuf — disait-elle; — mais le mystère dont ce départ était entouré, fit que Maingaud resta quelque temps sans chercher à savoir ce que sa nièce était devenue, ce qu'elle faisait — s'en remettant, comme il l'avait dit: à la garde de Dieu — pour le salut de l'orpheline !.

Au mois de septembre suivant, Catherine reparut à Villechère et vint voir les époux Maingaud; parla peu.—On voyait que déjà les leçons reçues avaient pesé sur cette jeune âme — elle était contrainte. Elle ne fit que paraître et retourna à Châteauneuf.

Quelque temps après, Maingaud apprit que sa nièce n'était plus à Châteauneuf.

Où l'avait-on conduite ? Pourquoi n'était-elle point restée à Châteauneuf? Maingaud ignora longtemps le lieu où était Catherine.

Il interrogea M. le curé de Saint-Chartier qui lui dit : que sa nièce était à Bué chez les Sœurs, qu'elle y était heureuse.

Maingaud demanda où est Bué, il insista pour avoir l'adresse de sa nièce; elle lui fut refusée !

Maingaud sut plus tard que Bué était une commune près de Sancerre — il écrivit au maire de cette commune.

Le maire montra sans doute la lettre de Maingaud à la sœur chez laquelle Catherine était, car Maingaud reçut une réponse de la sœnr appelée Céline.

Cette lettre est courte, elle dit : que Catherine se porte bien, qu'elle travaille, qu'elle est heureuse.

Cette réponse était insuffisante pour Maingaud, il voulait en avoir une de M. le maire de Bué; — il écrivit de nouveau au maire, entra dans quelques détails sur sa nièce, et reçut le 12 septembre 1858, une réponse du maire qui confirmait ce qu'avait dit la sœur Céline.

En 1859, Maingaud adressa une troisième lettre au maire de Bué et la sœur répondit : que Catherine Marié se portait bien, qu'elle avait grandi, que son oncle aurait peine à la reconnaître.

Par ces lettres, Maingaud voulait que M. le maire sût que Catherine avait quelque bien et un oncle qui s'intéressait à elle.

Maingaud croyait bien que l'on voulait faire de sa nièce une religieuse ; loin de lui la pensée de s'opposer à sa résolution, s'il était sûr qu'elle ne fût ni *contrainte*, ni *forcée;* mais il avait peur que sa nièce ne fut la victime d'un parti pris, arrêté par *d'autres.*

Il pensait aussi que M. le maire communiquerait ses lettres à Catherine, qui alors saurait où trouver un appui, un défenseur même dans des circonstances données.

Nous sommes au 16 du mois d'octobre 1860. Maingaud vendangeait une vigne qu'il possède près de Villechère. Ordinairement le temps des vendanges est un temps de fêtes, de plaisirs quand il fait beau ; — mais cette année la fin de l'été avait été froide ; et sans quelques beaux jours de l'automne, le raisin n'eût pas mûri. Vers midi Maingaud vit paraître une jeune fille — elle s'approche, il a reconnu sa nièce ; celle-ci l'embrasse avec effusion, lui demande des nouvelles de sa tante. — Elle va bien, répond Maingaud, nous allons la voir.

Elle raconta à son oncle qu'elle avait quitté Bué pour n'y plus retourner, qu'à Bué comme à Bourges on avait voulu la faire religieuse, qu'elle avait refusé, qu'elle ne se sentait pas assez de vocation.

Que son intention était de prendre l'état de couturière et qu'avec ce qu'elle avait appris à Bué, elle espérait être heureuse.

Son oncle lui demanda ce qu'elle savait faire, ce qu'elle avait appris pendant ces trois années et demie d'absence.

Elle répondit qu'elle savait *lire*, *écrire*, *compter* et *broder*.

C'est quelque chose, mais ce n'est pas tout, dit Maingaud. —Enfin, avec la petite fortune que tu possèdes, avec du courage, de la sagesse, tu te marieras, mon enfant, et tu feras une bonne mère de famille. Dieu qui t'a sauvée ne t'abandonnera pas.

Catherine le remercia des soins qu'il avait pris d'elle pendant sa maladie.

Que veux-tu, répondit Maingaud, nous travaillons pour toi, et ton bonheur est notre désir et notre espérance, à ma femme et à moi; — nous n'avons pas d'enfants et sur toi se porte notre affection; — Mais voici ta tante.

La tante et la nièce s'embrassèrent en pleurant et sans proférer une parole, tant elles étaient émues. Le passé apparaissait pour elles deux dans cet instant.

La tante pressait contre son cœur la fille de sa sœur, l'enfant pour laquelle elle avait passé tant de nuits sans sommeil, que Dieu avait sauvée.

Et la nièce pensait que sans sa bonne tante, elle serait morte de douleurs et de souffrances.

Scène touchante et qui récompensait la tante et la nièce. !

Catherine avait grandi, c'était maintenant une belle jeune fille, elle avait plus de dix-sept ans.

Elle raconta que son tuteur avait été la chercher à Thevet et qu'elle habiterait chez sa marraine. — Sa tante Marié, ajoutait-elle tristement, n'a point *changé !*

Depuis ce jour, elle habita d'abord chez sa marraine et déclara ses intentions à son tuteur, à savoir qu'elle voulait être *couturière*.

Elle alla voir aussi une dame riche, influente dans le pays.

Cette dame lui conseilla d'aller à Neuvy voir M. le curé, et que cet ecclésiastique, qui était curé de Saint-Chartier en 1857, lui donnerait de bons conseils et s'occuperait de son avenir.

Catherine partit pour Neuvy avec un de ses oncles Marié et fut bien reçue de M. le curé. Il lui promit de s'occuper d'elle.

Catherine revint à Villechère, quitta sa marraine et alla demeurer chez la dame qui la protégeait, en attendant qu'elle fût placée.

Elle vint peu souvent chez les époux Maingaud; mais quand elle s'aperçut que l'on cherchait à l'éloigner de ces bons parents, de cette demeure où Dieu l'avait visitée si miraculeusement, alors ses visites furent plus fréquentes. Là chez ses oncle et tante Maingaud, c'est le langage de la vérité qu'elle entend. Ce qu'on lui dit n'est pas dicté par l'intérêt, mais par une véritable affection.

On l'aime, on le lui montre avec franchise, sans détours, on la conseille; mais on lui laisse sa liberté d'action.

Elle a souffert, la pauvre enfant, et l'expérience vient du malheur plus vite. — Elle n'a que dix-sept ans; mais elle doit avoir assez appris, assez réfléchi pour pouvoir déjà se conduire elle-même.

On chercha d'abord à la placer à La Châtre; mais le prix demandé était trop élevé pour son revenu. Aujourd'hui on parle de la placer à Châteauroux.

M. le curé de Neuvy ne l'abandonne pas. Il lui a écrit une *lettre édifiante;* mais le temps s'écoule sans amener dans sa position un changement *définitif, salutaire.*

Quelquefois on lui insinue d'entrer en religion, que là est le bonheur. Pendant près de quatre ans elle a fait l'apprentissage de la vie de *recluse* et elle n'en veut point.

Son tuteur est bon, ou du moins le paraît. Madame T***

la traite de la manière la plus convenable ; mais elle sent, tout en remerciant cette dame de ses bontés, que sa position ne change pas.

Déjà elle a été recherchée en mariage. On dit aux amoureux qu'elle est trop jeune.

La pauvre enfant est inquiète et ne sait que décider : — elle n'a pas toute sa liberté pour arrêter une résolution.

La religion est une belle chose. Heureux ceux qui la servent comme ministres ou comme religieuses ! — mais Dieu veut qn'on se donne à lui *librement*, sans *contrainte*.

Le mariage aussi est une chose *sainte*. Dieu l'a institué, et une bonne mère de famille est aussi recommandable aux yeux de Dieu quand elle remplit dignement ses *devoirs*.

Les époux Maingaud ne conseillent point leur nièce ; — ils ne veulent pourtant que son bonheur. « Confie - toi à Dieu » qui t'a sauvée, lui disent-ils, et il te dira ce que tu dois » faire et te donnera la force de l'exécuter. » Maingaud lui dit souvent :

« Pour être heureux il ne faut pas attendre au lendemain.

» Réfléchis bien, pèse dans ton cœur les différents con-» seils, et agis.

» Si tu veux te marier, place-toi bien ; si tu veux atten-» dre, attends. — Je ne désire que ton bonheur. On n'est » jamais heureux assez tôt, je le sais ; pourtant, comme il » s'agit de ton avenir, réfléchis. »

Ces paroles sont sages et dictées par la prudence.

Pourquoi faut-il qu'il y ait des personnes pour qui l'intérêt est le seul mobile de leurs actions ! Ces personnes font plus de mal qu'elles ne pensent, qu'elles ne veulent souvent.

Enfin Catherine est aujourd'hui indécise sur ce qu'elle doit faire. Elle voudrait *contenter tout le monde*, et s'aperçoit qu'elle ne le peut. Ira-t-elle à Châteauroux ? On lui fait de beaux récits sur la position qu'on lui a trouvée. N'y trouvera-t-elle pas de déceptions ? Y sera-t-elle libre autant que peut le vouloir une jeune fille élevée dans de bons principes ?

Restera-t-elle à Villechère, s'y mariera-t-elle, sera-t-elle heureuse ?

Nous voudrions terminer cette seconde partie en apprenant à nos lecteurs quelque chose de définitif dans la position de Catherine. Nous ne pouvons aller plus vite que les évènements : nous nous arrêterons donc en priant Dieu de conseiller l'orpheline et même en le suppliant de ne point l'abandonner. Il l'a sauvée dans des temps plus malheureux, alors que la mort allait s'emparer de la pauvre enfant. Qu'il la sauve donc encore aujourd'hui en lui montrant la route à suivre pour arriver au bonheur ici-bas.

Dans une troisième partie, nous retrouverons peut-être notre orpheline délivrée des peines qui l'éprouvent encore aujourd'hui.

Espérons-le.

Janvier 1861.

LA CHATRE, IMP. DE A. ARNAULT.

RÉSUMÉ ET COMPLAINTE.

Air connu :

I.

Chrétiens, remercions le Très-Haut
Qui par un miracle nouveau
Vient de faire encor éclater sa puissance.
Tout l'Univers est plein de sa magnificence.
Qu'on l'adore ce Dieu, qu'on l'invoque à jamais,
Chrétiens publions ses bienfaits !

Chrétiens, écoutez l'histoire
De ce fait miraculeux
Dont tout l'éclat, toute la gloire
Revient au Souverain des cieux.

Dans une simple chaumière
Du village de Villechère
Sur son lit de douleurs une enfant de treize ans,
Après avoir été, tristes, cruels instants !
Trois grands mois sans parler, sans manger et sans
[boire,
Tout d'un coup recouvra, chose étonnante à croire!
La santé, la parole et d'une douce voix
Glorifia le Christ et confirma sa foi ;
Et chanta de Solange la sainte
Ce couplet de la complainte :

« Sainte Solange nous vous rendons grâces
» De vouloir bien écouter nos vœux,
» Puissions-nous marcher sur vos traces
» Et vous voir un jour dans les cieux. »

Ce fut chez son oncle Maingaud
Que la jeune Catherine ,
Que notre pauvre orpheline
Vit tout d'un coup cesser ses maux !

Des médecins délaissée ,
Dieu fit en sa faveur
Apparaître sa grandeur ,
Gloire au Seigneur ! il l'a sauvée !

Son tuteur trop exigeant
Voulait en faire une servante ,
Par ses soins sa bonne tante
Lui fit un sort plus brillant.

Pendant sa longue agonie
On voyait les deux époux
Invoquer à deux genoux
La Sainte Vierge Marie.

Pour tant de peines , de douleurs
Dieu leur devait une récompense
Aussi montra-t-il sa puissance
En sauvant l'enfant de leurs cœurs.

Quand la nouvelle fut connue
Parents , voisins de s'empresser ,
Et à l'envie de visiter
L'enfant à la santé rendue !

A tous l'enfant souriait ,
De bonheur qu'elle était belle !
A tous alors elle racontait
Les soins que l'on avait pris d'elle.

Dans l'eglise les curés
Reçurent la jeune orpheline ,

Et dans leurs termes sacrés,
Glorifièrent l'action divine.

La sainte enfant, en procession,
Parut de la foule entourée
Comme une vierge de Sion,
De ses seules vertus parée.

L'oncle et la tante accompagnaient
Leur nièce vénérée,
En pleurant ils glorifiaient
Le Dieu qui l'a sauvée.

Peu de jours après, quelle douleur !
Avait disparu l'orpheline ;
C'était dit-on pour son bonheur
Que partait Catherine.

Pour son avenir répétait-on,
Pour la former, l'instruire ;
Mais dans quels lieux, quelle maison ?
On ne voulut d'abord le dire !!!

II.

Et quatre ans ont passé, quatre ans d'absense,
Maingaud pourtant jamais ne perdit l'espérance ;
Ayant su sa retraite, il écrivit
Et dans les réponses on lui dit :
« Que l'orpheline,
» En science, en santé grandissait,
» Que Catherine
» Trouvait
» Plus d'une mère
» Auprès de bonnes Sœurs, »
Et la joie était dans les cœurs,
A Villechère !

Le seize octobre dernier
Catherine revint au lieu de sa naissance,
    Et Maingaud fut le premier
    A jouir de sa présence !
    Avec bonheur elle l'embrassa
    Et du passé le remercia !
    Maingaud vers sa tante,
    Ensuite l'emmena
    Et alors se passa
    Une scène touchante ;
    La tante, la nièce en pleurant
    S'embrassèrent,
    Heureux instant !
    Sur leur cœur se pressèrent.
    Moments trop courts,
    Et qui devraient durer toujours !

    Catherine alors raconta
    Qu'elle avait refusé d'être religieuse,
    Qu'elle voulait un état
    Qui la rendrait heureuse !!!

La pauvre enfant a son tuteur encor
Qui bien souvent a pesé sur son sort,
Et des dévots la cohorte pieuse ;
Ah tremblons, qu'elle ne soit pas heureuse !

De ses parents possédant quelque bien,
D'un bon époux elle fera la joie,
Son avenir, en suivant cette voie,
Sera toujours pur et calme et serein.

A dix-sept ans, on est jeune à cet âge,
Espérons tous que Dieu te conduira,
O mon enfant, sois prudente et sois sage
Et Dieu jamais ne t'abandonnera !!

N'écoute point les paroles dictées
Ou par l'envie ou la cupidité,

Car trop tard, quand elles sont écoulées,
On voit l'abîme où l'on vous a jeté !

Religieuse ou mère de famille,
Dans tout état, oui l'on fait son chemin ;
Mais que toujours notre liberté brille
Et nous serons contents du lendemain !

Dieu, mon enfant, a marqué dans ta vie ;
Il t'a sauvée au comble de tous maux.
Pense toujours à ceux qui t'ont chérie,
Pense souvent à ta tante Maingaud.

LA CHATRE, IMP. DE A. ARNAULT.

www.ingramcontent.com/pod-product-compliance
Lightning Source LLC
Chambersburg PA
CBHW061815060726
47597CB00008B/3206